LES SECRETS POUR REUSSIR TA FUTURE VIE D'ADULTE

LE GUIDE POUR LES ADOLESCENTS

Le livre indispensable pour tous les ados qui cherchent à préparer leur avenir

Editions Julie Barber

SOMMAIRE

INTRODUCTION

Lorsqu'on est un ado ou un jeune adulte, on apprécie le confort de la maison, certes, mais on rêve également de liberté et d'indépendance. Et si tu es en train de lire ce livre, c'est sans doute que toi aussi tu en rêves. Voici donc un petit guide qui t'aidera à te lancer dans la vie (pas trop fort hein) et à t'installer dans ton premier appartement avec un minimum de bases. Tu y trouveras des conseils, des trucs, des infos, des astuces et aussi peut-être des choses que tu sais déjà. Mais pas tout, j'espère, parce que sinon ça veut dire que j'ai écrit tout ça pour rien !

Bon, tes parents aussi seront sûrement là pour t'aider et te conseiller ! L'avantage de ce livre est que tu peux le lire comme bon te semble : du début à la fin, par thème, etc.

Et si c'est vraiment trop long pour toi, tu peux aller directement au chapitre qui t'intéresse, parce que j'ai fait les choses bien et que c'est facile à trouver : travail, argent, famille, etc. J'espère quand même que tu ne sauteras pas tous les chapitres, parce que quand même ce serait dommage de gâcher tout ce papier. J'ai envie de te dire au pire tu le mets dans les toilettes, ça occupera tes potes et puis ça peut toujours servir si t'es en panne de papier toilette. Une petite précision tout de même : j'ai essayé de faire un condensé, un truc facile à lire et pas trop chiant. Je dis bien : j'ai essayé…

Voilà, voilà… En attendant, je te souhaite bon courage ! Heu non, je voulais dire : bonne lecture ! En espérant que ces conseils t'aideront à bien gérer ton quotidien…

PARTIE 1
LA SANTE

1.1 - CUISINER DES PLATS DE BASE

Ta mère te cuisine de bons petits plats tous les jours, mais quand tu partiras de chez elle tu vas devoir te nourrir tout seul. Alors on ne va pas faire un cours de cuisine parce qu'il y a des livres pour ça ! Mais tu vas devoir apprendre à préparer des plats de base. Les pâtes et le riz par exemple, alors même si c'est facile rappelons que tu dois faire bouillir de l'eau, tu rajoutes du sel et quand ça bout tu jettes ton riz ou tes pattes dedans. Et bonne nouvelle : le temps de cuisson est indiqué sur le paquet ! La deuxième bonne nouvelle, c'est que la plupart des aliments que tu achètes ont des modes d'emploi, tu les trouveras à l'arrière du sachet ou de la boîte.

Tu peux aussi aider ta mère en cuisine pour apprendre à cuisiner les basiques. Œuf au plat : tu le casses dans une poêle beurrée et chaude et tu attends que ça cuise. Œuf dur : 10 minutes dans l'eau bouillante. Steak haché : faire cuire de chaque côté dans une poêle avec un peu de sel et de poivre, mais, reste dans la cuisine pour surveiller la cuisson, car ça va très vite. Et si c'est noir, c'est que c'est cramé !

Enfin, tu as aussi la chance de vivre à l'ère de la technologie donc Internet est ton ami. Tu y trouveras plein de recettes faciles à faire, il y a même des sites spécialisés dans les recettes de cuisine. Voilà maintenant, tu n'as plus d'excuses pour ne pas te nourrir correctement. À toi les bons petits plats !

1.2 - MAINTENIR UNE ALIMENTATION EQUILIBREE

« Mangez 5 fruits et légumes par jour ! » Bla bla bla... Même s'il est tentant de manger des burgers, des pizzas et des pattes à longueur de journée. Ton corps en revanche risque de ne pas aimer la blague. C'est pourquoi tu dois absolument manger un petit peu de tout : fruits, légumes, laitages, viande, mais aussi des féculents. C'est très important pour tes défenses immunitaires, ta croissance et aussi pour tes muscles. Si tu veux garder un corps de rêve, il va falloir faire des efforts, sinon c'est toi qui vas ressembler à un légume !

Prendre un bon petit-déjeuner est important pour bien démarrer la journée, à midi on mange bien aussi et le soir on mange léger. Tu n'as pas besoin de trop d'énergie pour aller dormir, sauf si tu as prévu d'aller danser toute la nuit...

Enfin, attention aussi aux sodas et autres boissons énergétiques, même si tu trouves ça super bon, vas-y mollo parce qu'elles sont pleines de sucre et aussi de produits chimiques. Beurk ! Privilégie toujours l'eau, ça désaltère et c'est bon pour ton corps.

Je résume une pizza ou un burger de temps en temps avec une boisson sucrée pour te faire plaisir et le reste du temps on boit de l'eau et on mange équilibré. Exemple : du riz, des haricots verts et du poisson, un fruit ou un yaourt pour le dessert et le tour est joué.

1.3 - LES PROBLEMES DE SANTE COURANTS

Comme tu le sais déjà, il arrive parfois que l'on tombe malade, surtout en hiver, mais si jusque-là ta mère était là pour soigner tes petits bobos, une fois chez toi ce ne sera plus le cas. Alors, inutile d'appeler les urgences pour un mal de tête ou si ta température monte à 38 °C. Pas de panique tu ne vas pas mourir, il te suffit de prendre du paracétamol pour faire passer la douleur ou la fièvre. Bien entendu quand on a un gros rhume ou la grippe, on reste au chaud, on se repose et on boit beaucoup d'eau. Et puis c'est mieux si tu évites de filer ton virus à tout le monde. Si la fièvre est vraiment très haute, qu'on ne se sent vraiment pas bien ou si ça dure plus de trois jours, dans ces cas-là mieux vaut aller chez le médecin. Si tu vomis ou que tu as mal au ventre, c'est pareil, on se repose et on attend le lendemain pour voir si ça passe. En cas de gastro, il faut boire de l'eau et manger du riz ou du pain sans rien dessus. Le coca battu permet aussi de faire passer les nausées. Si tu as un doute, tu peux toujours appeler ta mère, elle te connaît comme si elle t'avait fait, donc elle peut te conseiller. Mais bon, si tu peux, évite de la réveiller à 2 h du matin hein !

En bref, avoir le nez qui coule et la gorge qui gratte ce n'est pas agréable, mais ce n'est pas grave et en général ça passe tout seul. Ah et si tu veux un truc magique pour soigner les coups de soleil et les problèmes de peau sèche. Mets de l'huile de coco à l'endroit du coup de soleil ou du dessèchement et n'oublies pas de te rincer avant de retourner au soleil sinon tu vas ressembler à un cochon grillé.

1.4 - PRENDRE SOIN DE SON CORPS

Prendre soin de son corps est important, tout d'abord parce que ça fait du bien au moral et que ça renforce l'estime de soi. Avoir de beaux cheveux bien entretenus, c'est pouvoir se coiffer comme on veut et donc se plaire. Bon, je ne vais pas te parler du shampooing qu'il ne faut pas faire tous les jours, mais pas toutes les trois semaines non plus. Je pense qu'à priori tu le connais déjà. Mais sache qu'il existe des après-shampooings et des soins qui permettent de renforcer les cheveux et que des cheveux en bonne santé sont plus faciles à dompter, ça vaut même si tu es un garçon aux cheveux courts.

Parlons un petit peu de la peau maintenant. Beaucoup d'ados ont des problèmes de peau, mais les adultes n'y échappent pas non plus. Il est donc important d'en prendre soin, tout d'abord en se lavant régulièrement, mais ça aussi je pense que tu le sais. La peau peut aussi avoir besoin d'être hydratée, surtout en hiver lorsqu'il fait froid et l'été lorsque les rayons UV agressent la peau. Donc n'hésites pas à utiliser une crème hydratante pour ta peau. Si tu as des problèmes d'acné, il existe de nombreux produits qui permettent de traiter ce problème, n'hésite pas à les utiliser. Allez, je te donne un truc de grand-mère pour purifier ta peau, pas la peine de le faire tous les jours, une à deux fois par mois c'est suffisant. Il faut que tu mélanges du marc de café et une cuillère de miel à ton savon habituel, ensuite tu frottes doucement ton visage avec la mixture, pendant quelques minutes, et puis tu rinces. Et taddaaa tu ressors avec une vraie peau de bébé !

Pour le reste, n'oublie pas de faire de l'exercice tous les jours, c'est bon pour le moral et ça augmente l'espérance de vie, alors même si tu n'es pas fan des salles de sport essaye au moins d'aller te promener ou danse dans ton salon.

1.5 - HYGIENE ET TOILETTE

Faire sa toilette régulièrement c'est important pour toi, mais aussi pour les autres. En effet, qui n'a jamais croisé une personne négligée dans le métro, dans le bus ou même au self... Mais revenons à nos moutons. On va commencer par parler des dents, tu l'as sûrement entendu des milliers de fois, mais il faut les brosser au moins deux fois par jour et si vraiment tu n'as pas le temps, le brossage du soir est le plus important, car c'est pendant la nuit que les vilaines bactéries et les caries attaquent le plus facilement tes jolies petites dents. Et les dents d'adulte, ça ne repousse pas ! Elles vont te servir toute ta vie, à moins que tu ne manges que de la soupe

ou de la purée. En plus un joli sourire ça fait craquer les filles et les garçons.
Ensuite, la douche. La douche, ça fait du bien, on se sent toujours plus léger après avoir enlevé la crasse et la transpiration de la journée. Et puis les pieds et les aisselles ça pue ! D'ailleurs n'oublie pas d'enlever tes baskets quand tu le peux, tes pieds ont besoin de respirer de temps en temps.

Enfin, on termine par les cheveux qu'il faut laver régulièrement, surtout si tu ne veux pas voir débarquer une bande de squatteurs qui mangent à l'œil et refusent de partir. Je ne parle pas de tes potes bien sûr, mais des poux ! Bref, tu l'auras compris, ce n'est pas parce que tu quittes papa et maman qu'il faut te laisser aller.

1.6 - COMMENT BIEN S'HABILLER

Je ne vais pas te faire un cours sur la mode, mais il existe quelques notions de base. Les couleurs par exemple, ça c'est facile, il te suffit de vérifier dans le miroir ou en posant des vêtements côte à côte sur le lit pour vérifier que ça match. Évite de porter un pantalon large avec un pull ou un tee-shirt large, car ça fait vite "sac à patates". N'hésite pas à mettre ton corps en valeur, mais évite aussi les vêtements trop serrés qui t'empêchent de respirer, d'ailleurs c'est très mauvais pour la circulation sanguine aussi. En

plus l'effet saucisson coincé dans sa ficelle et qui déborde de partout, c'est pas très sexy !
Les chaussures maintenant, il faut ABSOLUMENT qu'elles soient confortables ! D'abord parce qu'avoir des cloques et des ampoules à la fin de la journée c'est vraiment pas top ! Mais, on oublie aussi que de mauvaises chaussures peuvent donner mal au dos, aux genoux ou aux chevilles, et contrairement à ce que tu penses il n'y a pas que les vieux qui ont mal partout. Donc si tu as prévu de marcher ou de rester debout toute la journée, assure-toi d'avoir les bonnes chaussures.

Je te repasse aussi les habituels : couvre-toi bien lorsqu'il fait froid, protège-toi de la pluie et du soleil un peu aussi… Et par pitié change de chaussettes tous les jours surtout si tu transpires et que tu pues des pieds !

PARTIE 2
TON CORPS

2.1 - COMPRENDRE TON CORPS

Ton corps est une super machine qui fonctionne à peu près toute seule à condition que tu l'entretiennes correctement. Cependant, il arrive parfois que cette machine s'enraye. Mon premier conseil : écoute ton corps ! Si ça fait mal, c'est que quelque chose ne va pas. Si parfois tu as envie d'un aliment plus que d'un autre – je ne parle pas de pizza hein ! – C'est peut-être que tu en as besoin. Tu peux par exemple avoir envie de fruits plus que d'habitude parce que tu manques de vitamines ou encore de yaourt, de lait ou de fromage parce que tu as besoin de recharger ton calcium, surtout quand tu es en pleine croissance. Si tu te sens fatigué, c'est que tu as besoin de te reposer, etc.

Maintenant, on va parler rapidement des hormones qui doivent travailler à fond en ce moment chez toi et qui peuvent entraîner de nombreux changements et désagréments. En réalité, les hormones travaillent tout au long de notre vie et ont une grande influence sur notre humeur, notre comportement et notre corps tout entier. Jusque-là rien d'anormal, mais si tu as un doute, que quelque chose te semble gênant ou pas normal n'hésite pas à demander conseil à tes parents ou à ton médecin. Par contre, si tous tes muscles sont douloureux après un footing ou un effort prolongé, pas de panique c'est normal ! Le meilleur moyen de lutter contre les courbatures c'est de s'étirer après l'effort et de boire beaucoup d'eau. Il paraît aussi qu'il faut refaire du sport le lendemain, mais moi j'ai souvent la flemme…

2.2 - LE SOMMEIL

Dormir ! Le truc qu'on prend pour une punition quand on est petit et dont on rêve quand on est grand (vieux) ! On dit souvent que les heures de sommeil avant minuit comptent double, mais contrairement à ce que pense mes enfants, j'ai été jeune un jour (il y a très longtemps) et je sais qu'à l'adolescence, mais aussi quand on est un jeune adulte c'est compliqué de se coucher tôt. L'essentiel est de dormir suffisamment, sept à huit heures par jour en moyenne, certains ont besoin de plus de sommeil et d'autres moins. Donc, il est important de te coucher assez tôt pour pouvoir assumer ta journée de cours ou de travail ensuite. Évite les écrans pendant la demi-heure qui précède l'heure du coucher, car ils vont t'empêcher de t'endormir. Prend un bouquin à la place (celui-ci par exemple), il t'aidera à retrouver le calme et à t'évader un peu avant de dormir. Un autre truc qui marche bien quand on a du mal à s'endormir, c'est d'aller se coucher quand on se sent fatigué, tu sais ce moment où tu commences à bâiller plusieurs fois d'affilée. En général, si tu te couches à ce moment-là tu suis ton cycle de sommeil et tu t'endors plus facilement. Alors que si tu luttes à ce moment-là pour rester éveillé, après c'est foutu, il faut attendre le cycle d'après.

Attention aussi à l'alcool, même si tu as l'impression de t'endormir plus facilement après avoir bu, tu risques de te réveiller quelques heures plus tard, alors que ton cycle de sommeil n'est pas terminé. Enfin, l'alcool altère la qualité du sommeil, donc tu seras de toute façon fatigué au réveil.

2.3 - FAIRE DU SPORT

Si tu veux avoir un corps de rêve à l'intérieur comme à l'extérieur, fais du sport ! Oui, je sais, ça sonne un peu comme une mauvaise pub, mais c'est vrai. Pratiquer un sport fait du bien au moral, ça te permet de te vider la tête et de décharger ton trop-plein d'énergie ou de stress. Cela te permet aussi d'entretenir tes muscles, tes os (hé oui le sport permet de renforcer les os), et puis c'est bon pour le cœur et la circulation sanguine. On ne te demande pas d'être un athlète ou de faire des compétitions toutes les semaines, mais juste de te faire plaisir. Si tu n'as pas les moyens de t'inscrire dans une salle de sport ou dans un club ou encore si tu n'aimes pas les sports intenses, tu peux aussi aller te promener en forêt à pied ou à vélo, faire de la natation ou danser dans ton salon. Le principal c'est de bouger ton corps un peu tous les jours et de te faire plaisir. Petite précision : les jeux vidéo ne comptent pas comme un sport, regarder le foot à la télé non plus. Mais tu as le droit de faire les deux. Ah, et j'oubliais faire de l'exercice tous les jours augmente ton espérance de vie et sculpte ton corps. Du coup, c'est tout bénef, tu vas vivre longtemps et avec un corps de rêve en plus !

2.4 - GESTES DE PREMIERS SECOURS

Les gestes de premiers secours peuvent sauver une vie ! Je sais ça aussi ça ressemble à de la pub, mais c'est vrai. Ça peut servir à n'importe quel moment de la vie, à l'école, au travail, sur la route, à la maison, ça peut sauver aussi bien la vie d'un inconnu que celle de tes parents ou de tes amis. Alors je ne vais pas te faire un cours là-dessus non plus, le mieux est de bien écouter les cours de secourisme qu'on donne à l'école ou bien de te rendre dans n'importe quel établissement de la croix rouge qui dispense ce genre de cours, les casernes de pompier proposent également des stages d'initiation aux premiers secours. Tu y apprendras comment faire un massage cardiaque, du bouche-à-bouche ou encore comment mettre une personne en position latérale de sécurité. Bon, allez celle-là, je la connais, je vais essayer de te l'expliquer.

La position latérale de sécurité sert à protéger les voies aériennes d'une personne inconsciente. L'idée c'est que la personne puisse respirer et ne s'étouffe pas en vomissant par exemple. Donc il faut coucher la personne sur le côté en la stabilisant avec ses jambes, en gros l'une des jambes va servir de béquille. Il faut également que le menton soit légèrement incliné vers le bas. Enfin lorsque la personne est enceinte ou obèse on recommande de la coucher sur le côté gauche pour ne pas comprimer la veine cave.

PARTIE 3
A LA MAISON

3.1 - PREMIER APPARTEMENT

Le premier appartement ! Avoir ton chez-toi, rentrer à l'heure que tu veux, dormir jusqu'à pas d'heure, manger quand tu en as envie et inviter tes potes à la maison quand tu veux.
Oui, mais... Attention rabat-joie en approche !

Alors, tout d'abord il faut savoir que pour obtenir ton premier appartement tu vas devoir montrer patte blanche. En général, les propriétaires demandent une caution : l'équivalent de deux à trois mois de loyer. Cette caution te sera rendue quand tu rendras l'appartement, si rien n'a été abimé à l'intérieur, car on fait un état des lieux au début de la location puis à la fin, en fait on fait le tour de l'appartement pour voir dans quel état il est. Souvent, les propriétaires demandent également que quelqu'un se porte garant pour toi, c'est là qu'il va falloir être sympa avec tes parents, pour qu'ils se portent garants pour toi. Un garant c'est celui qui paye le loyer à ta place si tu ne l'as pas fait.

En ce qui concerne le loyer, si tu travailles et que c'est toi qui payes le loyer, tu dois gagner au moins trois fois le montant du loyer. Ça paraît énorme, mais c'est pour que tu puisses payer les factures et la bouffe à côté. Lorsque tu visites un appartement, regarde bien partout pour vérifier qu'il n'y ait pas des défauts cachés. Regarde à l'extérieur aussi et écoute s'il y a du bruit, sauf si tu as vraiment le sommeil lourd et que même une bombe qui explose à côté de toi ne te réveille pas.

Enfin, la liberté c'est bien, mais n'oublie pas que tu n'es pas seul dans l'immeuble. Les voisins ont sûrement un travail, des obligations, des enfants, etc. Ils ont besoin de dormir la nuit ou le jour d'ailleurs, donc pas de musique trop forte, soyez discrets tes copains et toi quand vous passez dans les couloirs de l'immeuble et évitez de sauter à pieds joints dans le salon, parce que la danse des éléphants c'est pas cool pour le voisin du dessous. Oui je sais c'est moi qui t'ai conseillé de danser dans le salon juste avant... Alors danse pieds nus et avec le pas léger !

3.2 - LE RANGEMENT

Range ta chambre ! Oui, je sais, je suis pas ta mère ! Faire la fête c'est bien, se laisser un peu aller et ne pas ranger tout de suite, des fois c'est agréable. Mais on peut vite se laisser déborder et quand ton appartement ressemble à une révolution contre le rangement et les placards, ça peut être décourageant, sans compter que de petites bébêtes peuvent rapidement s'incruster dans ta cuisine ou dans ton salon, et non je ne parle toujours pas de tes potes... Donc, un conseil, fais la vaisselle au fur et à mesure, pour t'éviter que la tour de pise se forme dans ton évier. Je l'ai fait et c'est pas pratique quand tu te décides enfin à faire la vaisselle, d'abord parce que tu mets de l'eau partout et ensuite parce que tu as l'impression que tu n'en verras jamais la fin... Ramasse tes affaires qui traînent au fur et à mesure, sinon ça s'entasse et tu ne retrouves plus rien, et puis c'est mieux si tes potes peuvent s'asseoir dans le canapé plutôt que par terre entre les piles de bordel ! Sors les poubelles ! Oui, je sais encore ta mère ! Les poubelles, ça s'entasse vite, mais ça pue aussi ! En été ça coule et de charmants petits asticots peuvent rapidement envahir ton espace vital, donc essaye de sortir ta poubelle tous les jours en partant au boulot ou allant en à la fac. Mieux vaut faire de petits sacs tous les jours plutôt qu'un gros qui va moisir pendant quinze jours chez toi. Et puis ça évitera que ta mère tombe sur des cadavres de bouteilles, des cartons de pizzas par dizaine et toutes les autres choses que tu ne veux pas qu'elle voie si elle passe te rendre visite à l'improviste.

3.3 - LE MENAGE

Ranger c'est bien, mais il faut aussi faire le ménage pour éviter que ton appartement ressemble à une scène de guerre ou de crime contre la propreté. Passe l'aspirateur ou le balai (surtout si tu as peur du bruit de l'aspi) régulièrement. Et n'oublie pas cette bonne vieille serpillère au moins une fois par semaine. Il n'y a rien de pire que de se lever le matin et de se coller le pied dans une vieille tache de confiture ou de Dieu sait quoi...

C'est aussi une question d'hygiène, car tu n'as pas envie de manger dans une assiette sale ou de te doucher dans une salle de bains noire de crasse. Pense aussi à nettoyer régulièrement ton frigo, car c'est quand même là que tu stockes ta nourriture et tu n'as pas envie que des champignons ou des bactéries s'incrustent dans ton steak haché ou dans ton yaourt à pas de prix. Le micro-ondes a lui aussi besoin d'être nettoyé parce que c'est là que tu réchauffes une bonne partie de tes aliments. Pour le micro-ondes, c'est facile, tu fais chauffer un bol d'eau avec du citron dedans et après tu n'as plus qu'à passer un coup d'éponge. La saleté va se décoller toute seule et ça va sentir bon.

Enfin, la plaque de cuisson s'encrasse vite et si tu ne la nettoies pas régulièrement il va te falloir des années-lumière et une tonne de produits pour la ravoir. Je te rappelle que tu as versé une caution pour avoir ton appartement et que s'il est crade c'est avec cette caution que le propriétaire va payer le nettoyage ou les éventuels dégâts que tu auras faits.

Les toilettes aussi doivent être nettoyées régulièrement, déjà pour toi-même parce que tu n'as pas envie que tes toilettes ressemblent aux toilettes publiques, mais aussi parce que tu ne veux pas faire peur à ta nouvelle conquête…

3.4 - LESSIVE ET REPASSAGE

La lessive, alors si tu as de la chance, ta mère lave et repasse encore ton linge, mais ça ne va pas durer éternellement. La bonne nouvelle c'est que les machines à laver indiquent clairement les programmes et les températures types : lavage délicat, synthétique, 40 °C, etc.

L'autre bonne nouvelle c'est que tes vêtements ont des étiquettes sur lesquelles sont indiqués la température et le mode de lavage que tu dois utiliser. Le symbole en forme de cuve avec les chiffres dedans te donne la température de lavage. Si une main est dessinée dedans c'est que tu dois le laver à la main. En général, les couleurs vives doivent être lavées séparément parce que tu n'as pas envie que ton tee-shirt préféré vire au rose bonbon ou qu'il prenne une teinte jaune douteuse… Les pulls en laine, n'aiment pas trop la machine ni les hautes températures, donc fait bien attention si tu ne veux pas les donner à ton petit frère de 5 ans après une erreur de lavage.

Pour le séchage, c'est le carré avec un rond dedans, s'il y a des traits à l'intérieur c'est que tu dois étendre le linge à plat si les traits sont à l'horizontale, et sur un fil ou un étendoir si les traits sont à la verticale. Il y a aussi des points dans ce carré : 1 point veut dire que tu peux le sécher à 60 °C et deux à 90°C.

Pour le repassage, c'est facile c'est un fer à repasser, plus il y a de points à l'intérieur et plus tu peux repasser ton linge à haute

température. N'hésite pas à lire le mode d'emploi de ton fer à repasser et à demander conseil à ta mère, sauf si elle est comme moi et qu'elle a banni le fer à repasser de sa maison…
D'ailleurs, si tu étends ton linge en le claquant d'abord puis en l'étendant soigneusement, tu n'auras quasiment pas besoin de le repasser.

3.5 L'ENTRETIEN ET LE BRICOLAGE

Un appartement, tout comme une maison ça s'entretient, mais si tu es en location c'est au propriétaire de faire le nécessaire. Après rien ne t'empêche de négocier quelques travaux avec lui. Je m'explique : peut-être que l'appartement aurait besoin d'un bon coup de peinture, dans ce cas tu peux lui proposer de le faire en échange d'une baisse de loyer pendant un mois ou deux par exemple. Il peut aussi être utile que tu apprennes à déboucher un évier ou les toilettes pour te dépanner. Alors pour les toilettes il y a la ventouse, ça ne marche pas à tous les coups si c'est vraiment trop bouché, mais ça peut aider quand c'est un petit bouchon de papier qui coince. Pour déboucher l'évier ou le lavabo, tu peux utiliser du vinaigre blanc (ménager) avec du bicarbonate de soude que tu trouveras dans n'importe quel supermarché et qui n'est pas dangereux pour l'environnement. Tu verras, les deux produits mélangés font une réaction chimique, c'est comme à l'école quand tu fais un volcan. Cette technique ne marche pas tout le temps, mais des fois ça peut aider.

Pour le bricolage, tu peux demander à ton père ou à qui tu veux de t'expliquer comment te servir d'une visseuse et comment effectuer certains petits travaux basiques. Tu trouveras aussi de nombreux tutos sur internet qui te montreront comment faire. Personnellement, je ne peux pas t'aider, car je ne sais même pas planter un clou…

3.6 LE JARDINAGE

Si tu as la chance d'avoir un jardin, il va aussi falloir l'entretenir, si tu as juste un balcon tu peux aussi y mettre des fleurs ou des plantes. Non ce n'est pas qu'un truc de fille et ça peut faire une déco sympa. Alors si tu as du gazon il va falloir le tondre régulièrement, surtout au printemps quand ça repousse plus vite qu'un poil sur le menton de grand-mère. Pour cela il te faudra une tondeuse pour les petites surfaces ou un tracteur tondeuse si le jardin est vraiment très grand. Parce que tondre un hectare de terrain en poussant la tondeuse, c'est long. Les haies s'entretiennent également avec un taille-haie manuel ou électrique. Tu peux aussi envisager de planter quelques légumes si tu as assez de place, c'est toujours agréable de manger ses propres légumes.

En général, quand tu tripotes de la terre ou des plantes qui piquent, essaye de porter des gants.

Sinon en plante d'intérieur, il existe des plantes vertes qu'il faut juste arroser une fois par semaine, un peu comme certains potes, mais je m'égare. Les cactus sont tops, car ils ne demandent que peu d'entretien et beaucoup de lumière. En dehors de ça, il faut les arroser environ une fois par semaine l'été et deux fois par mois l'hiver. Le seul truc qu'ils n'aiment vraiment pas c'est le froid, donc évite de les laisser sur le balcon l'hiver surtout si tu habites dans le nord de la France.

Enfin si tu aimes cuisiner, tu peux planter quelques herbes aromatiques en pots : ciboulette, origan, menthe, romarin, persil, basilique, etc. Ce sont des herbes qui poussent facilement avec un peu d'eau et de lumière.

PARTIE 4
LA VOITURE

4.1 - PASSER LE PERMIS ET LE CODE

Même si tu habites en centre-ville, tu vas avoir besoin d'une voiture, ou au moins d'avoir le permis au cas où. Donc pour passer le permis de conduire, il va falloir t'inscrire dans une auto-école, remplir un dossier et fournir ta carte d'identité. Si tu as moins de 21 ans, tu dois avoir l'ASSR ou l'ASR et si tu as moins de 25 ans tu dois aussi être en règle avec les obligations de JDC (journée défense et citoyenneté).

Tu pourras ensuite venir régulièrement pour t'entraîner à l'examen du Code de la route. Ce n'est pas très compliqué, il te suffit d'apprendre quelques règles. Au moment de l'examen, tu devras répondre à une série de questions à choix multiples types :

Le piéton traverse devant moi :

A - Je m'arrête pour le laisser passer.

B - J'accélère pour l'écraser.

C - Je fais marche arrière (avant ou après l'avoir écrasé)

Bref pour avoir le code tu dois avoir au moins 35 bonnes réponses sur 40. Attention le code n'est valable que 5 ans, si tu ne passes pas l'examen de conduite dans ce délai tu devras tout recommencer.

Ensuite, tu vas pouvoir commencer à conduire avec un moniteur. Tu dois valider au moins 20 heures de conduite pour pouvoir passer l'examen pratique, mais il se peut que tu doives faire quelques heures de plus pour être bien préparé.
Le jour de l'examen, tu devras conduire en suivant les indications de l'examinateur pendant une vingtaine de minutes. Pour être précis l'examen dure 32 minutes et la conduite 25.

Et le truc qui va te faire râler le plus, c'est que tu n'auras pas le résultat tout de suite ! Parce que tu devras aller voir le résultat sur Internet, rassure-toi, il est disponible sous 48 heures. Tu pourras ensuite imprimer ton permis provisoire et demander le « vrai » à la préfecture, mais en attendant tu auras le droit de conduire avec ton permis provisoire. Youpi !

4.2 - CHOISIR SA VOITURE

Une fois le permis en poche, il va te falloir une voiture et même si tu rêves d'une grosse voiture belle et puissante (attention rabat-joie, le retour !), mieux vaut investir dans une petite voiture fiable pas chère et pas trop puissante. Je t'explique pourquoi.
D'abord parce que pendant les trois premières années tu vas être jeune conducteur ou apprenti. Cela signifie que tu vas payer plus cher pour ton assurance voiture que les autres conducteurs. Et si ta voiture est trop puissante, ça va te coûter un œil ! En plus, certaines

assurances refusent d'assurer les jeunes conducteurs si la voiture dépasse un certain nombre de chevaux, c'est pourquoi il vaut mieux te rabattre sur des petits poneys au début.

La deuxième raison, c'est que bien souvent la première voiture est victime de petits accrochages, parce que certaines manœuvres sont un peu plus délicates quand on n'a pas l'habitude de les faire. Donc ce serait dommage de dépenser beaucoup d'argent dans une voiture qui risque de prendre des rayures et des petits coups au début.

Pour choisir ta voiture, il faut tout d'abord l'essayer pour vérifier que tout fonctionne et écouter le bruit du moteur. Si ça fait slang, bang ou bing, c'est pas bon signe !

Fais le tour de la voiture et vérifie bien l'état de l'intérieur et la carrosserie. Si tu peux demande à quelqu'un qui s'y connaît de t'accompagner ou achète ta voiture dans un garage au moins tu auras un minimum de garanties.

4.3 - ENTRETENIR SA VOITURE

Ça y est, tu as ta propre voiture, elle est assurée et la carte grise est à ton nom. Elle est toute belle et elle roule super bien, mais si tu veux que ça dure il va falloir l'entretenir.

Tu vas devoir faire faire la vidange régulièrement, changer les pneus et les plaquettes de frein régulièrement aussi. Tout ça dépend bien sûr du nombre de kilomètres que tu fais dans l'année. Plus tu roules et plus les pièces de ta voiture s'usent.

Pense aussi à l'aspirer et à la nettoyer régulièrement, sinon elle va vite ressembler à une poubelle. Évite de fumer à l'intérieur si tu ne veux pas avoir l'impression de rouler dans un cendrier. D'ailleurs, évite de fumer tout court !

Pense aussi à vérifier que toutes les ampoules fonctionnent, c'est toujours mieux et ça peut t'éviter de prendre une amende. N'oublie de la passer au contrôle technique, car c'est obligatoire tous les x ans, ça dépend de l'âge du capitaine heu non de ta voiture. Plus elle est vieille, plus les contrôles techniques doivent être fréquents. Ensuite si tu sens que quelque chose ne tourne pas rond ou qu'elle fait un bruit bizarre, ne laisse pas traîner et emmène là chez le garagiste. Sinon tu risques d'aggraver la situation.

Ah et dernier point : vérifie régulièrement les niveaux d'huile parce qu'un moteur qui tourne sans huile est un moteur foutu !

4.4 - GERER LES SITUATIONS D'URGENCE

Sur la route, tu peux être confronté à des situations d'urgence, ça peut te concerner toi et tes passagers, mais aussi les autres usagers. La règle d'or pour les situations d'urgence sur la route c'est : « protéger et secourir ». Dans cet ordre-là.

Premier exemple : ta voiture donne du mou et tu sens qu'elle va tomber en panne sur l'autoroute. Dans ce cas, tu te rabats gentiment pour rejoindre la bande d'arrêt d'urgence, ensuite tu mets tes passagers et toi aussi en sécurité derrière la rambarde de sécurité. Ensuite, tu appelles la dépanneuse et tu pries pour que la facture ne soit pas trop salée.

Second exemple : tu as un accident ou tu es témoin d'un accident. La première chose à faire est de sécuriser les lieux, donc on fait signe aux voitures de ralentir ou de s'arrêter et on va déposer un triangle de signalisation quelques mètres avant l'endroit de l'accident. S'il y a des blessés, il vaut mieux éviter de les déplacer sauf si le véhicule est en feu et qu'il faut sortir les occupants de toute urgence. Une fois que les lieux de l'accident sont sécurisés, tu peux appeler les services d'urgence pour rappel : le 112. Bon, tu peux aussi essayer d'appeler les urgences en même temps que tu sécurises les lieux ou demander à quelqu'un de prévenir les secours pendant que tu fais le reste. Dans tous les cas, essaye de ne pas paniquer, même si l'accident est impressionnant.

PARTIE 5
LES ÉTUDES

5.1 - ÉTUDES SUPERIEURES

Parlons de choses qui fâchent ou pas, maintenant. « Faut passer ton bac, faut passer ton bac, lalalala... » OK, mais après on fait quoi ? Bah en fait tu as le choix, tu peux rentrer à l'université et si tu as de la chance elle est près de chez toi, dans ce cas tu vas pouvoir te concentrer sur tes études. Si en revanche tu dois quitter le nid, il va falloir être réactif pour trouver un logement dans le campus universitaire. Il y a aussi des propriétaires qui louent des appartements à proximité, mais généralement la demande est très forte et les loyers très chers. Tu peux aussi trouver une colocation, pour réduire les frais. À côté de ça, de nombreux étudiants trouvent de petits boulots pour payer les frais universitaires. Rassure-toi, il y a aussi des bourses et des aides pour les étudiants. Tu peux aussi faire des études supérieures en alternance ou entrer en prépa. En fait, tout dépend de ce que tu veux faire...

Il arrive également qu'on se trompe, on fait une première année dans telle ou telle filière et finalement on se rend compte que c'est pas ça. Dans ce cas-là, pas de panique, il est toujours temps de changer de voie l'année suivante. Tu auras peut-être aussi des moments de doute, surtout en période d'examens, mais ne te mets pas la pression et accroche-toi, ce n'est pas parce qu'on rate un examen que la vie est foutue et ça ne veut pas dire non plus que tu n'es pas capable d'y arriver.

5.2 - POURQUOI AVOIR UN DIPLOME ?

Avoir un diplôme signifie que tu as des compétences dans tel ou tel domaine. Ça permet de rassurer ton futur employeur ou tes clients, et ça te donne un certain savoir-faire ou des connaissances que tu ne peux pas avoir sans les avoir appris. Avoir un diplôme te permet de choisir ce que tu veux faire au lieu de prendre n'importe quel boulot que tu n'aimes pas et qui est mal payé. Car oui les compétences ça se paye ! Quand tu es diplômé dans un domaine, tu es mieux payé. Il y a aussi certains domaines pour lesquels tu es obligé d'avoir un diplôme. En même temps, tu n'aimerais pas être opéré par un type qui confond ton cœur et tes poumons...

Tu as sans doute des rêves : voyager, acheter une voiture, une maison, etc. Et tout ça a un prix. On ne va pas se mentir, à l'heure actuelle si tu veux avoir un bon salaire, il faut être diplômé, y compris si tu veux faire un métier manuel. En même temps, un mécanicien ne peut pas connaître un moteur s'il ne l'a pas étudié, tout comme un avocat ne peut pas défendre un client s'il ne connaît pas les lois.

Je résume donc, avoir un diplôme te permet de choisir le métier qui te plaît et d'être mieux payé et bonne nouvelle, tu peux toujours te reconvertir et passer d'autres diplômes plus tard si ton boulot ne te plaît plus. Tu auras aussi peut-être accès à des formations qui te permettront de gravir les échelons au sein de ton entreprise, mais pour cela mieux vaut partir avec des bagages et des bases solides.

5.3 - POURQUOI UN DIPLOME N'EST PAS INDISPENSABLE ?

Maintenant que je viens de te vendre le diplôme, je vais t'expliquer pourquoi tu peux t'en passer. Certains métiers ne nécessitent pas de diplôme, mais en général ils sont pénibles et mal payés. Mais tu peux aussi te former seul sur le terrain ou grâce à Internet et ainsi acquérir des compétences par toi-même. Mais alors tu devras faire tes preuves pour y arriver. Je ne dis pas que c'est impossible, mais souvent la route est plus longue et plus difficile pour y arriver.

Tu as peut-être aussi un don ou un talent quelconque : tu chantes, tu peins ou tu écris. Dans ce cas, écoute ton cœur et suis ton instinct. Continue et persévère, certains artistes ont mis plusieurs années avant de réussir à percer dans le métier, mais ils y sont arrivés à force d'essayer.

Sans diplôme des portes se fermeront sans doute devant toi, tu essuieras peut-être des échecs et des refus, mais ça ne veut pas dire que tu n'es pas capable d'y arriver ou que tu n'as aucun talent. Au contraire, les échecs te permettent d'avancer et de t'améliorer !

5.4 - CONTINUER A APPRENDRE TOUTE SA VIE

L'avantage, c'est qu'on peut apprendre durant toute sa vie. La vie en elle-même est un éternel apprentissage. « La curiosité est un vilain défaut ! » Tu as sans doute entendu cette phrase très souvent. Eh bien c'est faux ! La curiosité te permet d'apprendre et de découvrir de nouvelles choses. S'intéresser à plein de trucs différents c'est entraîner ton cerveau et l'entretenir comme tu entretiens tes muscles. En plus, à la fin de ta vie tu sauras faire plein de choses et tu pourras impressionner tes petits-enfants ! Bon, tu pourras peut-être aussi apprendre des choses qui te serviront dans ton quotidien et qui t'éviteront de payer quelqu'un pour le faire. Et puis, il arrive aussi parfois qu'on fasse le même métier pendant 10, 15 ou 20 ans et qu'un matin on se réveille en se disant : « j'ai changé et maintenant j'ai envie de faire autre chose. » Dans ces cas-là, tu peux alors reprendre des études (encore plus facilement, si ton cerveau est bien entrainé) pour te reconvertir et faire totalement autre chose. Tu ne serais pas le premier à le faire.

Enfin, continuer à apprendre et s'intéresser aux nouveautés te permettra aussi de te perfectionner dans ton métier et te permettra de viser un meilleur poste ou un meilleur salaire. Et ça aussi ça peut être sympa !

5.5 - LA LECTURE

Celle-là, il fallait forcément que je la place ! Mais si tu as tenu jusqu'ici, c'est peut-être que tu aimes lire. Ouf ! Il existe des centaines de lectures différentes et des centaines de milliers de livres différents : policiers, cuisine, BD, romans, mangas, etc. Chacun est libre d'aimer des styles différents, mais la lecture te permet de t'évader, de te détendre et d'apprendre de nouvelles choses. En plus, lire est une excellente gymnastique pour le cerveau. Ça améliore la mémoire, la concentration, le vocabulaire, l'orthographe et te permets de continuer à te former ! Un vrai cocktail de vitamines pour ton cerveau. Je suis sûr aussi que ça renforce l'imagination et que ça améliore la créativité. T'as vu, je te le vends bien ! Bon en même temps j'ai pas trop le choix, il faut bien que je reste crédible.

PARTIE 6
GÉRER SON ARGENT

6.1 - COMMENT ECONOMISER DE L'ARGENT ?

Pour économiser de l'argent, ne fais pas d'enfant ! Non, je plaisante ! Il y a plein de solutions pour faire des économies.
On va commencer par l'électricité, parce que les factures, ça coûte cher ! Tu peux commencer par mettre des ampoules à LED chez toi, ça éclaire très bien, mais ça ne consomme presque rien. Baisse le chauffage d'au moins un degré, tu ne vas pas te geler, mais tu consommeras moins d'électricité et enfin, n'oublie pas qu'un appareil en veille consomme aussi de l'électricité, donc essaye de débrancher et d'éteindre un maximum d'appareils. Par contre, évite de débrancher le frigo, surtout s'il est plein. Tu peux aussi économiser l'eau en ne laissant pas couler l'eau de la douche pendant que tu te savonnes et aussi en faisant attention quand tu fais la vaisselle.

Quand tu fais tes courses au supermarché, regarde bien le prix au kilo ou à l'unité. Prends le temps de comparer les différents produits et ne te fie pas aux formats familiaux et autres packs. Ils sont bien souvent plus chers que les produits vendus à l'unité. N'hésite pas à utiliser les bons de réduction que tu peux trouver sur Internet, dans certains prospectus et même parfois dans ta boîte aux lettres. Il n'y a pas de petites économies !

Enfin, pour te faire une petite cagnotte, tu peux mettre ta petite monnaie dans une tirelire. Tu peux mettre uniquement les centimes ou y mettre la petite monnaie qu'il te reste dans la poche à la fin de la journée. Tu verras que ta cagnotte grossira plus vite que tu ne le penses.

6.2 - COMMENT NE PAS AVOIR DE DETTE ?

« Les bons comptes font les bons amis ! » Quand tu empruntes de l'argent à tes parents ou à tes amis, essaye de les rembourser le plus vite possible. Si tu dois déjà de l'argent à quelqu'un, n'emprunte pas d'argent à quelqu'un d'autre tant que tu n'as pas remboursé la première personne. Évite de dépenser plus que ce que tu gagnes et surtout ne fais pas de crédit. En tout cas pas pour n'importe quoi. Tu peux faire un crédit pour acheter un logement ou une voiture, mais vérifie bien que tu seras capable de le rembourser. Les crédits revolving ou crédits à la consommation en revanche sont à éviter, car ils coûtent très cher.

Enfin, le meilleur conseil que je peux te donner, c'est de payer tes factures et tout ce que tu dois payer, au fur et à mesure pour ne pas te retrouver écrasé par les dettes et les factures en retard. Il vaut mieux se priver d'une sortie ou d'une fringue que tu pourras t'offrir plus tard, plutôt que de devoir de l'argent à quelqu'un. Surtout si c'est la banque ou les impôts, car eux ils ne te feront pas de cadeau !

6.3 - PLANIFIER TES DEPENSES

Être autonome, c'est bien, payer les factures c'est moins bien, mais ça fait partie du jeu. Pour ne pas avoir de mauvaises surprises au début ou à la fin du mois, mieux vaut savoir gérer son budget. Le meilleur moyen pour toi de gérer ton argent est de savoir ce que tu dois payer tous les mois. Tout d'abord, tu peux établir une liste de tes dépenses fixes : eau, électricité, téléphone, Internet, assurances voiture et habitation, loyer. Ça c'est ce que tu dois payer tous les mois, à partir de là tu sais à peu près ce qui va sortir et donc ce qu'il te reste pour vivre. Tu peux aussi évaluer les dépenses liées à la nourriture, n'oublies pas d'y inclure les produits d'hygiène comme le savon, la lessive, le shampooing, le papier toilette, etc. Et enfin, tu peux y ajouter ce que tu dépenses en moyenne pour ton essence.

Dans un monde idéal, il faut que tu arrives à mettre un peu d'argent de côté tous les mois, car tu vas avoir des frais prévus et imprévus qui vont venir s'ajouter à ton budget : impôts, vidange de la voiture, contrôle technique, pneus, mais aussi le lave-linge qui tombe en panne, ton jean préféré qui vient de te lâcher, tes airs max qui viennent de crever, etc. Bref, il faut que tu anticipes un maximum, pour ne pas te retrouver dans le caca.

6.4 - C'EST QUOI LES IMPOTS ?

Les impôts c'est un truc qui fait râler tes parents ! Bon alors, les impôts ça sert à payer les profs, les écoles, la police, les médecins, les pompiers, les chômeurs, les retraites, etc. En fait, ça sert à payer tous les services gratuits et tout ce que tu ne vois pas : l'entretien des routes, l'éclairage public, les bases de loisirs, l'arrosage des parcs, etc. Les impôts sur le revenu, c'est-à-dire sur l'argent que tu gagnes, sont prélevés directement à la source. C'est-à-dire qu'on prélève de l'argent directement sur ton salaire. Et chaque année au mois de mai, il y a ce qu'on appelle la déclaration d'impôt, on refait le calcul de tout ce que tu as gagné et si tu n'as pas payé assez on te demande de payer la différence. Il y a aussi ce qu'on appelle les impôts locaux, en général tu ne les payes que si tu es propriétaire. Ça sert à entretenir la ville. Après il y a aussi des impôts sur les sociétés, mais pour l'instant tout cela ne te concerne pas.

Les taxes font aussi partie des impôts, mais tu les payes au quotidien sans t'en rendre compte, il y a par exemple la TVA (taxe sur la valeur ajoutée), elle varie en fonction du produit ou du service que tu achètes et s'ajoute donc au prix hors taxe du produit. La TVA sert aussi à financer l'état. Enfin, il y a aussi des impôts sur les successions et tout plein d'impôts un peu partout, qui servent à faire tourner le pays. Et c'est partout pareil, tu ne peux pas y échapper !

6.5 - AVOIR LE BON ETAT D'ESPRIT

L'argent ne fait pas le bonheur ! Mais bon, ça aide un peu quand même. L'argent, il en faut pour vivre, mais en général ça va, ça vient. Tu peux être riche un jour et tout perdre le lendemain. C'est pourquoi il faut le voir comme un moyen, un accessoire en quelque sorte. Évite de te vanter et d'étaler tes richesses quand tu en as et ne te dis pas que ta vie est foutue quand tu as une galère d'argent. Mets de l'argent de côté si tu peux et évite de flamber si tu as une grosse rentrée d'argent. On y reviendra un peu plus tard.

Attention également aux faux amis. Que tu dépannes ton meilleur pote qui est vraiment dans la galère une fois OK. Mais attention, certains d'entre eux et tu t'en apercevras rapidement ont tendance à te demander de l'aide un peu trop souvent. Ceux-là ne rendent jamais l'argent que tu leur as prêté et peuvent même te laisser royalement dans la galère quand tu en as besoin. Pour moi, avoir le bon esprit c'est faire avec ce qu'on a et ne pas envier les autres, mais d'autres auront sans doute une vision différente des choses.

6.6 - INVESTIR TON ARGENT

Je te parlais de mettre de l'argent de côté juste avant eh bien nous y voilà. Il y a plein de façons de mettre de l'argent de côté, mais aussi surtout de l'investir. Investir c'est placer ton argent dans la pierre, en bourse ou sur un compte pour qu'il te rapporte de l'argent.

Investir dans la pierre c'est acheter une maison ou un appartement soit pour y vivre et dans ce cas tu ne payeras plus de loyer, au pire tu payeras un crédit, mais à la fin le logement est à toi. Tu peux aussi rénover une maison pour augmenter sa valeur ou encore acheter un logement pour le mettre en location, dans ce cas tu toucheras l'argent du loyer.

Tu peux aussi confier ton argent à la banque en le plaçant sur un livret d'épargne ou dans une assurance vie qui ne te rapportera pas grand-chose, mais un petit peu quand même.

Attention, il ne faut pas confondre assurance vie et assurance décès, la première te permet de placer de l'argent pour laisser quelque chose à tes proches, tu peux aussi récupérer ton argent en cas de besoin, la deuxième par contre à une durée de vie limitée et si tu n'es pas mort à temps tu perds toutes les sommes que tu as versées. Ce n'est pas vraiment un placement. Enfin, certaines personnes investissent leur argent en bourse, mais il vaut mieux s'y connaître, et être formé sur le sujet. Sinon tu peux aussi remplir ta tirelire, ton argent y sera en sécurité, mais il ne te rapportera rien, sauf si ta tirelire est magique et qu'elle te fait des cacas lingots d'or.

PARTIE 7

VIE PROFESSIONNELLE

7.1 - COMMENT TROUVER UN EMPLOI

Trouver un emploi n'est pas toujours facile quand on est jeune, enfin surtout le premier, mais rassure-toi quand on est vieux c'est pas facile non plus... Pour trouver un emploi, tu vas devoir rédiger des CV et faire les petites annonces : Internet, pôle emploi, affichages, etc.

Tu peux aussi aller voir les entreprises directement en leur proposant tes services et en leur déposant ton CV. Selon ton métier, tu vas même pouvoir postuler directement en ligne. En effet, de plus en plus d'entreprises postent leurs annonces sur des sites spécialisés afin de recruter de nouveaux talents. LinkedIn est aussi un réseau qui peut te permettre de trouver du boulot. C'est l'un des plus grands réseaux professionnels. Tu peux créer ton profil en expliquant ce que tu sais faire et quels diplômes tu as obtenus. Mettre en avant tes qualités et ta motivation et prendre contact avec les entreprises ou les employeurs. Tu peux même répondre directement à des annonces.

Tu peux aussi aller voir dans les agences d'intérim, elles auront sûrement des missions à te confier. Parfois pour quelques jours, parfois plusieurs semaines et il arrive même que les entreprises t'embauchent définitivement à la fin de la mission.

Enfin, pour trouver un emploi, tu peux aussi faire marcher le bouche à oreille autour de toi, c'est comme un réseau social, mais dans la vraie vie… Tu sais le copain qui a entendu parler d'un boulot ou l'oncle de la sœur du frère de machin qui recrute. Dit comme ça, ça n'a peut-être pas l'air idéal, mais ça fonctionne aussi.

7.2 - REDIGER UN CV ET PASSER UN ENTRETIEN

Rédiger un CV, c'est assez facile, tu y mets toutes tes infos personnelles : nom, prénom, date de naissance, adresse, numéro de téléphone, e-mail. Ensuite tu détailles ce que tu as fait ces dernières années, pas les fêtes entre amis hein. Donc ton niveau d'étude, tes diplômes, ton expérience professionnelle, ce que tu sais faire, les langues que tu parles, tes loisirs et tes qualités pour le travail. Tu vas devoir aussi rédiger une lettre de motivation, comme son nom l'indique, il faut que tu montres ta motivation dans cette lettre. Donc, tu dois expliquer pourquoi tu veux vraiment ce job : parce qu'il te plaît, que tu aimes le contact humain ou que c'est ta passion par exemple. Tu dois expliquer aussi pourquoi tu veux travailler pour cette entreprise : car c'est la meilleure, parce qu'elle est spécialisée dans telle ou telle branche, etc.

Une fois que tu auras déposé tout ça dans les entreprises et si ta candidature est retenue, tu vas devoir passer un entretien d'embauche. C'est le moment où tu vas rencontrer ton patron, le DRH (directeur des ressources humaines) ou encore la personne en charge du recrutement. Elle va te poser des questions sur ton parcours, tes motivations et t'expliquer également le fonctionnement de l'entreprise et ce que l'on attend de toi. Parfois, on te fera passer un petit test pour vérifier que tu as bien les compétences nécessaires. Un entretien d'embauche, ça se prépare, mais ne t'angoisse pas, personne ne va te manger. De toute façon, c'est interdit par la loi (sauf si tu vis dans une tribu au fin fond de l'Amazonie).

7.3 - REUSSIR DANS SON TRAVAIL

Pour réussir dans ton travail, il n'y a pas de secret, il faut que ça te plaise et que tu sois motivé. Déjà, parce que si le boulot te plaît tu vas être content d'y aller, tu vas t'investir davantage et tout le monde en sortira gagnant. N'hésite pas à poser des questions, à t'intéresser à ce que font tes collègues et aussi à tout ce qui touche l'entreprise. Tu peux aussi prendre des initiatives ou proposer de nouvelles idées si tu en as.

Il faut aussi que tu arrives à l'heure, un retard de temps en temps ça peut arriver, mais quand c'est tous les jours ça le fait pas. Tu risques même d'être sanctionné si tu arrives trop souvent en retard.

Essaye de prévoir un temps assez long pour te rendre au boulot, surtout si le trajet est un peu long et que tu as de la route à faire en voiture ou avec les transports en commun. Il paraît que les trains ne sont pas toujours à l'heure, mais je ne voudrais pas être mauvaise langue.
Enfin, essaye d'être agréable avec tes collègues (oui, même avec la vieille bique désagréable), c'est toujours plus facile de travailler efficacement lorsque l'ambiance est bonne.

7.4 - COMPRENDRE UN CONTRAT DE TRAVAIL

Le contrat de travail, c'est ce qui te lie à ton employeur. Il contient tes informations personnelles (n° de sécurité sociale, nom, prénom, etc.) et les coordonnées de ton employeur. Tu peux avoir un contrat en CDD (contrat à durée déterminée) dans ce cas, le contrat précise les dates de début et de fin de la mission. Tu peux aussi signer un contrat en CDI (contrat à durée indéterminée), cela signifie qu'il n'y a pas de date de fin au contrat. Ce qui veut dire que le contrat se terminera soit parce que tu démissionnes, soit parce que tu t'es fait virer. Le contrat indique le poste que tu occupes, éventuellement tes horaires de travail, mais surtout le nombre d'heures hebdomadaires que tu vas faire et le montant de ton salaire. Ouais cool des sous ! Oui, mais... Attention il y a une différence entre le salaire brut et le salaire net. Oh non ! Le salaire brut c'est le montant que te verse l'employeur avant que l'état ne se serve, donc ce n'est pas ça que tu vas recevoir sur ton compte en banque. Il va donc y avoir un certain de nombres de prélèvements dessus : charges sociales, cotisation maladie, cotisations retraites et prélèvement d'impôt à la source. Une fois qu'on t'aura enlevé tout ça, tu auras ton salaire net, celui-là il va sur ton compte. Le salaire net c'est donc le salaire brut qui a fondu au soleil ou sous la pluie. Toutes ces cotisations servent à payer les retraites, ça te paraît peut-être loin, mais un jour tu y arriveras. Ça finance les caisses de la sécu, pour que tu sois quand même payé quand tu es malade. Et, ça sert aussi à financer tout un tas de choses un peu obscures, mais certainement importantes pour la société.

7.5 - LES AVANTAGES DU CDI

Je reviens donc sur le contrat en CDI parce qu'il a quand même pas mal d'avantages. Tout d'abord, la sécurité de l'emploi. Ce n'est pas garanti à 100 %, mais c'est quand même plus difficile de se faire virer. En effet, pour mettre fin à ce genre de contrat, le patron doit avoir de bonnes raisons et en plus il devra la plupart du temps te donner des sous pour que tu partes : c'est ce qu'on appelle la prime de licenciement. Plus tu restes longtemps dans une entreprise, plus cette prime est grosse. Attention, si tu abandonnes ton poste ou que tu fais une faute grave, tu n'auras pas de prime et pas de droits au chômage. Mais bon, j'ai envie de te dire qu'il faut vraiment le faire exprès... Tu peux aussi être licencié pour raison économique : si le patron n'a plus de sous pour payer les employés, il est obligé de licencier.

Le deuxième avantage du CDI, c'est que les banques pourront te prêter plus facilement de l'argent, pour acheter ta maison par exemple. Car qui dit sécurité de l'emploi, dit salaire qui rentre tous les mois. Ce sera aussi plus facile de trouver un logement en location, car le propriétaire sera lui aussi rassuré de savoir que tu gagnes suffisamment d'argent tous les mois pour payer le loyer.
En résumé, le CDI te facilite la vie ! Encore une mauvaise pub...

7.6 - DEVENIR ENTREPRENEUR

Ton patron te gonfle ? Tes collègues t'agacent ? Ou tu as tout simplement envie d'entreprendre pour gagner de l'argent et être ton propre patron. Tu peux le faire !

Tu peux te lancer en tant qu'auto-entrepreneur par exemple. C'est un statut qui est relativement facile à créer et toutes les démarches peuvent être faites sur Internet. Il existe également des aides de l'état et un accompagnement pour les créateurs d'entreprise. Selon la taille de ton entreprise, tu devras effectuer un certain nombre de démarches et de déclarations au cours de l'année, mais il existe des professionnels et des lieux de rencontre pour apprendre et comprendre tout ça. Il existe de nombreuses formes d'entreprises : microentreprise, SARL (société à responsabilité limitée), EURl (entreprise unipersonnelle à responsabilité limitée), EU, SAS, etc. C'est à toi de choisir la forme et le statut juridique de ton entreprise.

Mais revenons au statut d'auto-entrepreneur, une fois que ta micro-entreprise est ouverte, tu vas pouvoir travailler. Tu devras déclarer le montant de tes revenus tous les mois ou tous les trimestres et tu devras aussi verser des cotisations au SSI (sécurité sociale des indépendants) ce qui correspond aux cotisations maladies et retraites. Tant que tu ne dépasses pas un certain plafond de revenus, tu ne seras pas assujetti à la TVA et tu ne pourras pas la récupérer non plus. En gros, tu factures tes services sans y ajouter la TVA et tu achètes tes produits avec la TVA comme tout le monde.

Pour créer ton entreprise, tu auras peut-être besoin d'argent pour démarrer : local, véhicule ou achat de matériel. Tu pourras alors présenter ton projet à la banque pour demander qu'elle t'accorde un prêt professionnel. Là encore, il se peut que l'état t'aide à financer une partie du matériel pour t'aider à te lancer, tu peux t'adresser à la chambre du commerce et de l'industrie de ton département pour avoir plus d'informations.

7.7 - LA RETRAITE

La retraite ! Ce doux moment où tu es libre de faire ce que tu veux et où tu n'es plus obligé de travailler pour gagner ta vie. Mais pour y avoir droit, tu vas devoir travailler un certain nombre d'années, et aussi cotiser un certain nombre de trimestres. Les trimestres cotisés correspondent aux périodes durant lesquelles tu fais un apprentissage, les périodes durant lesquelles tu travailles en intérim, en CDD ou en CDI peu importe, les périodes de chômage comptent aussi, mais à certaines conditions et enfin avoir des enfants te rajoute des trimestres. Et oui, faut bien que ça serve un peu les gosses !

L'âge de la retraite est fixé à 62 ans pour l'instant, mais ça ne va pas durer, il va falloir travailler probablement de plus en plus vieux. Ça veut dire que dès que tu atteins l'âge de 62 ans, tu peux prendre ta retraite, mais... Oui il y a beaucoup de mais ! Si tu n'as pas suffisamment cotisé, c'est-à-dire que tu n'as pas validé tous tes trimestres, tu toucheras une retraite réduite, en clair tu auras moins de sous pour profiter de tes vieux jours. Pas de panique ! Si tu n'as pas tous tes trimestres, tu peux continuer de travailler pour valider ce qu'il te manque. De toute façon à partir de 67 ans (pour l'instant) tu auras ta retraite de base à taux plein même si tu n'as pas tous les trimestres. Il est possible aussi de racheter les trimestres qu'il te manque, mais forcément ça a un prix.

Enfin, il faut savoir que la retraite est plus basse que ton salaire, en gros on calcule ta retraite en fonction du salaire moyen que tu as touché les 15 dernières années et on enlève un pourcentage. Donc tu n'auras plus besoin de travailler, mais tu gagneras moins bien ta vie. La retraite te sera versée jusqu'à ta mort donc, une fois que tu as atteint le cap de la retraite, tu es tranquille.

PARTIE 8
SOCIAL

8.1 - TES PARENTS

Tes parents, ils sont vieux, ils sont chiants, mais surtout ils t'aiment ! je tiens à lever tout de suite tes doutes :

- 1. Tes parents ne sont pas si vieux que ça, tu verras le temps passe très vite.
- 2. Ils ne sont pas nés à 40 ans, ils ont été jeunes avant toi !

Ce qui veut dire qu'ils ont de l'expérience, qu'ils ont fait des erreurs et vécut pas mal de choses avant toi. Donc même si tu les trouves un peu lourd parfois, c'est parce qu'ils essayent de te guider et surtout de te protéger. Dans la vie, il y a des erreurs que l'on peut rattraper facilement, mais il y en a d'autres qui peuvent avoir des conséquences plus graves. Ils essayent aussi de te transmettre des valeurs et de te conseiller pour que tu puisses t'en sortir dans la vie plus tard. Et même les petites choses types : éteins la lumière ! Coupe le chauffage quand tu ouvres la fenêtre ou encore ranges ta chambre ! te serviront plus tard.

Quand on quitte le nid familial, on se rend compte qu'on n'était pas si mal chez ses parents et aussi que tout ce qu'ils nous ont dit n'était pas si bête. Partir de chez ses parents signifie aussi qu'on apprécie sa liberté et son autonomie et c'est tout à fait normal. Mais essaye de ne pas oublier que tu es leur enfant et qu'ils sont contents quand tu leur rends visite ou que tu leur donnes de tes nouvelles. Je ne te dis pas de les appeler tous les jours ou d'aller les voir tous les week-ends, mais juste de garder le contact.

8.2 - TES GRANDS-PARENTS

Les grands-parents c'est comme des parents, mais en moins chiant ! Et tu sais pourquoi ? Tout simplement parce qu'ils ne sont pas responsables de toi ni de ton éducation. Cela ne veut pas dire qu'ils ne sont pas de bon conseil, au contraire, puisqu'ils ont vécu encore bien plus que tes parents et que justement ils ont élevé tes parents. Souvent, nos grands-parents nous apprennent des choses que les parents n'ont pas le temps de nous transmettre. Ils sont nos complices, nos confidents et aussi nos meilleurs cuisiniers et/ou pâtissiers. Tes grands-parents ont beaucoup de choses à te raconter et à t'apprendre. En plus, ça leur fait plaisir de passer du temps avec toi. Ils te raconteront peut-être aussi les bêtises que tes parents ont faites quand ils étaient jeunes.

Bref, les grands-parents sont précieux. Et malheureusement, ils ne sont pas éternels, c'est pour ça qu'il faut en profiter au maximum tant qu'ils sont là. Pense à les appeler souvent et à leur rendre visite dès que tu en as l'occasion. Souvent, on n'a pas le temps, on court partout ou bien on a la flemme, mais eux n'ont plus toute la vie devant eux alors parfois il faut revoir ses priorités et prendre le temps pour les choses importantes de la vie.

8.3 - COMPRENDRE LES BASES DE L'AMOUR

L'amour est une chose à la fois simple et compliquée. La première fois qu'on tombe amoureux, on a le cœur qui bat et on veut passer tout son temps avec celui ou celle que l'on aime. On a aussi tendance à croire qu'on va passer sa vie entière avec cette personne, mais… Encore et toujours ce mais ! C'est assez rare que le premier amour dure toute la vie. Alors je ne vais pas te mentir, le premier chagrin d'amour fait mal. On a l'impression que ça ne passera jamais, que c'est la fin du monde et qu'on ne pourra jamais aimer quelqu'un d'autre. Et tu sais quoi ? Eh bah c'est complètement faux ! Petit à petit, on se rend compte qu'on pense moins à l'autre et que quand on y pense ça fait moins mal. Puis un jour, on rencontre quelqu'un d'autre et notre cœur recommence à s'emballer quand on est avec cette nouvelle personne. Et en plus, il n'y a absolument aucune règle en amour. Tu peux avoir un coup de foudre qui dure 2 heures ou 20 ans. Tu peux prendre le temps de connaître la personne et de laisser tes sentiments se développer peu à peu, il arrive même que certaines personnes ne s'apprécient pas du tout au début et qu'elles finissent par tomber amoureuses au bout d'un moment…

Le principal en amour, c'est que les deux personnes soient heureuses ensemble, qu'elles s'épanouissent ensemble, mais aussi séparément. Ce n'est pas parce que tu es en couple que tu n'as plus le droit de sortir seul ou avec tes amis. Tu as le droit de voir ta famille, tes amis, et de faire des activités sportives ou culturelles sans ta moitié.

8.4 - TROUVER L'AMOUR

Trouver l'amour, drôle de sujet, non ? Mais d'abord est-ce qu'on trouve l'amour ou est-ce qu'il vous tombe dessus ? Sujet de Philo vous avez 4 heures !

L'amour, ça se trouve à tous les coins de rue : au lycée, à l'université, au boulot, chez des amis… Et le pire c'est qu'on ne sait jamais ni quand ni comment on va le trouver. Bien souvent, ce genre de rencontre arrive par hasard. Il existe aussi des tas de sites et d'applications de rencontre, pour les gens un peu timides et souvent un peu plus âgés. Parce qu'en général quand on est jeune, ce ne sont pas les occasions de rencontrer du monde qui manquent. Si tu n'as pas encore trouvé l'amour, ce n'est pas grave, il y a plein de personnes qui attendent le bon moment. Soit parce qu'elles n'ont pas encore trouvé la bonne, soit parce qu'elles ne sont pas prêtes. Il y a une période dans la vie où tous nos amis se retrouvent en couple et parfois on se sent un peu exclus ou seuls, mais ce n'est pas pour ça qu'il faut se jeter sur le ou la première venue pour faire comme les autres. La plupart du temps, il suffit d'être patient et l'amour vous tombe dessus tout seul comme ça, sans le chercher.

8.5 - MAINTENIR UNE RELATION AMOUREUSE

L'amour c'est tout beau tout rose au début. Puis on apprend à se connaître ou plutôt on ouvre les yeux et on voit enfin les défauts de l'autre. Des fois ce sont de petits défauts (il rote, elle pète) des fois ils sont gros et chiants. Alors, inutile de croire qu'on va pouvoir les effacer à force d'amour et de bonne volonté. On ne change pas une personne, on la prend telle qu'elle est avec ses défauts et ses qualités. Mais si on sent que les défauts de l'autre sont vraiment insupportables, il faut en parler. Pour maintenir une relation amoureuse il faut avant tout dialoguer, dire ce qui va, mais aussi ce qui ne va pas. Faire des concessions et s'adapter un minimum pour avancer ensemble. Un couple qui va bien, ce n'est pas un couple qui ne se dispute jamais. Les disputes servent à remettre les pendules à l'heure et à se remettre en question. Bien sûr si vous ne pouvez pas passer quelques heures ensemble sans vous disputer, c'est sûrement qu'il y a un problème et qu'il est peut-être temps de se séparer. Si tu es malheureux dans une relation, il ne faut pas y rester.

Il arrive aussi qu'on file le parfait amour pendant plusieurs années, tant qu'on a les mêmes envies, qu'on évolue et qu'on avance dans la même direction, tout va bien. Et puis parfois, nos chemins se séparent. En vieillissant on n'a parfois plus les mêmes envies ou les mêmes objectifs que l'autre. Donc j'ai envie de dire maintenir une relation amoureuse, c'est un peu comme marcher sur un fil, il faut sans cesse discuter, et se réadapter pour maintenir l'équilibre.

8.6 - LES RUPTURES AMOUREUSES

Les ruptures, on en a déjà parlé un petit peu dans les chapitres d'avant. Alors, tout d'abord dis-toi que ça t'arrivera au moins une fois dans ta vie. Ou peut-être 15, 20 ou 30... Peu importe, un chagrin d'amour, ça passe. L'essentiel, c'est de se séparer intelligemment pour soi-même, pour les enfants ou pour le chien.

Et la famille dans tout ça ? On n'y pense pas toujours, mais nos familles peuvent s'attacher à notre partenaire et parfois elles peuvent souffrir aussi de cette rupture amoureuse. Pour autant, c'est toujours mieux qu'elles évitent de se mêler de l'histoire. Et comme je l'ai dit tout à l'heure il ne faut pas rester dans une relation dans laquelle l'un des deux ou même les deux sont malheureux. Parfois, il vaut mieux arrêter avant de se détester ou d'aller voir ailleurs. Sois honnête vis-à-vis de ton ou ta partenaire, si tu ne l'aimes plus, dis-le-lui et ne laisse pas pourrir la situation.

Enfin, il arrive aussi qu'on ne sache pas trop ce qu'on veut, on se sépare, on se remet ensemble, et tout ça, c'est compliqué. Mais on n'y peut rien, l'amour est un sentiment profond qu'on ne peut pas contrôler. Quoiqu'il en soit, il vaut mieux une bonne rupture qu'une mauvaise relation !

8.7 - TES AMIS

Les amis, il en existe de toutes sortes, des qui plaisent à ta mère, mais pas à ta sœur, des qui plaisent à ton père, mais pas à ta copine… Mais ce n'est pas le fond du sujet. Quoique si ton chien ne l'aime pas, méfie-toi quand même.

Tu croiseras des amis qui seront seulement de passage dans ta vie et d'autres que tu garderas jusqu'à la fin. On ne sait jamais à l'avance qui restera. Parfois, on a un ou une super meilleure amie, on se jure qu'on ne se lâchera jamais et tout d'un coup on perd le contact. Ça fait partie de la vie. Certains amis peuvent aussi nous trahir, ça fait très mal sur le coup, mais il faut se dire que ce n'étaient pas de vrais amis. Les bons amis sont là dans les bons comme dans les mauvais moments, ils se pardonnent et peuvent parfois passer longtemps sans se voir ou se parler. Mais ce n'est pas pour autant que l'amitié est perdue.

Il y a aussi les faux amis, ceux-là, il faut s'en méfier. En général, ils squattent chez toi H 24, ils mangent chez toi, te demandent de leur prêter de l'argent et quand c'est toi qui as besoin de quelque chose, ils disparaissent.

Il y a aussi les amis toxiques qui te dévalorisent ou t'entraînent avec eux dans leur dépression ou leur connerie chroniques. Ceux-là, on met généralement plus de temps à les détecter. En plus quand tu essayes de prendre tes distances avec ce genre d'amis ils te font du chantage affectif ou te culpabilisent. Un conseil : fuis sans te retourner. Les amis qui ne supportent pas ta famille ou ton partenaire sans raison valable sont un peu douteux aussi, alors méfie-toi. Un vrai ami ne fait pas le vide autour de toi…

Enfin, dis-toi que les vrais amis, on peut en général les compter sur les doigts d'une main.

8.8 - AVOIR DES ENFANTS

Les enfants, c'est que du bonheur ! Non c'est pas vrai ! On les aime, on les adore, mais ce n'est pas toujours facile et parfois ils nous rendent dingues. Faire un enfant c'est facile, jusque-là tout le monde connaît le mode d'emploi. Un bébé, un enfant c'est tout mignon et ça fait partie des rêves et des objectifs de beaucoup de gens dans la vie. Mais ce n'est pas obligatoire, il ne faut pas faire un enfant pour faire plaisir à l'autre ou parce que la société te dit qu'il faut avoir des enfants. Faire un enfant c'est une grande responsabilité, il faut être prêt, avoir un couple solide et en avoir vraiment envie tous les deux.

Un enfant c'est fatigant surtout quand ils sont petits : les nuits, les dents, les maladies. Et tout ça peut causer des tensions dans le couple. Ça coûte cher aussi, et pas seulement quand c'est petit, parce que plus ça grandit, plus ça mange, en plus il faut acheter des vêtements, des jouets, un ordi, une console, une tablette, un téléphone… Mais je m'emballe, non il n'y a aucune obligation d'acheter tout ça. En revanche, il faudra peut-être payer les études, le permis, la voiture, etc. Et ça, c'est un gros budget. Un conseil commence à mettre de l'argent de côté dès sa naissance.
Mais un enfant c'est aussi plein de bonheur et de joies. Le voir grandir, apprendre à marcher, à parler, à claquer les portes à l'adolescence…

Bref, tu l'auras compris, prends ton temps ! Profite de ta jeunesse et de ton couple. Prends le temps de te construire une bonne situation et après tu pourras faire plein d'enfants ! Enfin pas trop quand même parce qu'après c'est galère : changer de voiture, de maison…

PARTIE 9
ÊTRE HEUREUX

9.1 - AVOIR CONFIANCE EN SOI

La confiance en soi, le truc qu'on n'a pas forcément à l'adolescence. La première chose à faire pour avoir confiance en soi, c'est de ne pas se comparer aux autres. Et surtout pas à tout ce qu'on peut voir à la télé ou sur les réseaux sociaux. Je ne t'apprends sûrement rien, mais la plupart de ces images que tu croises sont fausses, archi fausses et retouchées.
Deuxième point : la perfection n'existe pas ! Dans aucun domaine. Et personne n'est parfait, heureusement sinon on s'ennuierait.
Le troisième point : on ne peut pas plaire à tout le monde ! Et ça, je crois que c'est le plus important, une fois que tu as compris ça, tu arrêtes de prêter attention au regard des gens et tu arrêtes de te torturer en te demandant ce qu'ils pensent de toi.

Tu es une personne à part entière, avec tes défauts et tes qualités. Dis-toi que tu es aussi capable de réussir et d'être heureux que n'importe qui. Dis-toi toujours que tu peux y arriver et n'oublie pas de te faire des compliments. Tu verras, ça fait du bien.
Un petit exercice facile à faire : tous les matins, tu te regardes dans le miroir et tu dis à voix haute ce que tu aimes chez toi aujourd'hui. Exemple : Mes yeux sont plus brillants que d'habitude, je les trouve vraiment beaux aujourd'hui. Ou ce que j'aime chez moi c'est que je suis fort ou intelligent.

Et souviens-toi, que la confiance en soi ça se travaille et ça se cultive, personne d'autre que toi ne peut te la donner. Je vais y arriver ! Ça va aller ! Ça va bien se passer ! Cultive les pensées positives.

9.2 - GERER SES EMOTIONS

Les émotions, ça aussi il y en a pleins. La joie, la tristesse, la peur, la colère, la jalousie, etc. Ce sont des émotions normales, elles jouent même un rôle important dans la vie. La peur par exemple, t'évite de te blesser et te prépare à te défendre en cas de danger. Mais si ces émotions sont totalement normales, parfois elles peuvent déborder et te causer des problèmes.

La colère par exemple, tu as le droit d'être en colère, mais si tu te mets à hurler sur tout le monde, à tout casser ou pire encore. Là, c'est un problème. Il existe de nombreuses façons de contrôler sa colère ou sa peur. Par exemple, tu peux respirer à fond et compter à rebours pour te calmer. Tu peux aussi tenter d'analyser la situation : qu'est-ce qui me met en colère ou me fait peur ? Est-ce que ça j'ai raison d'être en colère ou d'avoir peur dans cette situation ? Est-ce que je ne réagis pas un peu fort ? Le temps que tu te poses ces questions, la tension sera déjà redescendue d'un cran. La jalousie quant à elle vient souvent d'une peur de l'abandon ou d'un manque de confiance en soi, c'est de ce côté-là qu'il faut te poser des questions. Certaines personnes pleurent plus facilement que d'autres, mais ce n'est pas une faiblesse, chacun a le droit d'exprimer ses sentiments.

Si en revanche tu te sens triste tout le temps et sans raison, n'hésites pas à demander conseil à ton médecin ou à en parler avec tes proches. N'hésite pas non plus à faire des recherches sur Internet et à lire des livres qui parlent des émotions en général. Tu peux y trouver plein de conseils et d'astuces qui te permettront de comprendre et de mieux gérer tes émotions.

9.3 - GERER STRESS ET ANXIETE

Le stress, quel vilain mot ! Le stress est un poison pour ton corps et ton esprit. Et l'anxiété te pourrit la vie et la nuit. Bonne nouvelle, ça aussi ça peut se maitriser !

Commençons par le stress, un bon moyen de combattre le stress c'est de faire du sport ou de longue balade en pleine nature. Ça permet de se défouler et d'évacuer les tensions. Prendre un bon bain ou une douche bien chaude permet aussi de se détendre. Si tu stresses avant un entretien d'embauche ou un examen, respire et dis-toi que ça va aller. Il existe également des balles anti-stress qui te permettent de canaliser ton énergie afin de te détendre. Et

aussi essaye de relativiser, on ne va pas te couper une jambe parce que tu es en retard et on ne va pas te pendre sur la place publique parce que tu as raté un examen.
Les angoisses, sont parfois difficiles à contrôler, elles s'immiscent discrètement et s'installent dans ta tête sans que tu ne les voies arriver. Vilaines bestioles ! Là encore, le sport et la respiration peuvent t'aider. Tu peux aussi tenter d'analyser ces angoisses ou te faire aider par un spécialiste si elles deviennent vraiment trop envahissantes. Après tout, le monde a des angoisses par moment, mais il ne faut pas que ça te pourrisse la vie.

9.4 - CULTIVER LA GRATITUDE ET LA JOIE

Cultiver la gratitude et la joie, ça sonne un peu comme une phrase de gourou, ça !
Ce que je veux dire par là, c'est que vouloir toujours plus c'est bien, ça te permet d'avancer et de te fixer des objectifs. Mais il ne faut pas oublier d'apprécier tout ce que tu as là maintenant tout de suite. Regarde autour de toi et à l'intérieur de toi : tu as une famille, des amis, un toit au-dessus de ta tête, à boire à manger... Et ça déjà c'est une chance.
Lorsque quelqu'un te donne un coup de main ou te vient en aide, n'oublie pas de le remercier. Ça ne te coûte rien, mais ça apporte beaucoup à la personne qui t'a aidée. Prends le temps d'apprécier

tous les bons moments de la vie, une soirée, un fou rire, une danse, un joli coucher de soleil, tu verras qu'il y a plein de petites choses simples qui peuvent te rendre heureux. Et n'oublie pas de rire et de sourire, le rire c'est bon pour le moral, ça fait travailler plein de muscles (c'est top pour les abdos) et ça libère des hormones qui chassent le stress et te font voir la vie en rose. Ou en moins gris en tout cas !
Et comme ta mère a dû souvent te le répéter : dis merci à la dame quand elle te donne quelque chose !

9.5 - S'ACCEPTER PHYSIQUEMENT

S'accepter physiquement, pas facile à l'adolescence ! Pas toujours facile le reste de la vie non plus. D'abord, ne te compare pas aux autres ni à ce que tu vois sur Internet. Internet c'est du fake et les autres bah c'est les autres ! Tout le monde à de petits ou de gros défauts, c'est comme ça, mais en même temps si on n'était tous pareil ce serait vraiment chiant. Surtout si le tout pareil ne nous plaît pas !

Bon ça, c'est fait ! Ah oui, j'allais oublier : un truc de fou, tu sais quoi ? La beauté est éphémère et subjective. Hou là, pourquoi des mots savants d'un coup ?

Éphémère parce qu'on vieillit tous et en vieillissant on a des rides, des cheveux blancs, on perd nos dents et notre corps s'affaisse. Beurk ! Oui, mais c'est comme ça, on n'a toujours pas trouvé la fontaine de jouvence. Le corps n'est qu'une enveloppe au final. Il te permet de te déplacer, de vivre plein de belles choses et s'il est sympa il ne te fait pas trop mal en vieillissant... Ce qui compte c'est ce que tu es à l'intérieur, ta personnalité, ton humour, ta gentillesse, etc. alors prend soin de ton corps au lieu de le maltraiter pour ressembler à Pierre, Paul, Jacques, Henri ou Josiane.
Subjective parce qu'on ne peut pas plaire à tout le monde et donc on a tous nos critères de beauté. Certains aiment les blondes à forte poitrine, d'autres aiment les grands bruns ténébreux, d'autres encore les petits rouquins à lunettes. Et tu sais quoi ? Ça tombe bien parce qu'il faut de tout pour faire un monde !

9.6 - TROUVER UN EQUILIBRE

Travailler c'est bien, profiter de la vie et de ses amis c'est bien aussi. Quand on est jeune, on est souvent invité à des soirées à droite et à gauche, on n'a pas forcément envie de rester à la maison le soir. Sauf l'hiver quand il fait moins 12 °C. Tout ça, c'est bien, mais même si tu y arrives, il y a un moment où ton corps va dire : stop ! T'es gentil coco, mais j'ai besoin de me reposer ! Alors, écoute-le ! Parce que sinon tu vas commencer à être fatigué en arrivant au travail, tu vas être grincheux et ça ne va pas plaire à tes collègues. Pire encore tu risques de faire des erreurs ou de te blesser si tu fais un travail manuel. Donc l'idée c'est de consacrer un peu de temps à chaque activité pour pouvoir en profiter sans s'épuiser. Parce que payer l'entrée en boîte de nuit pour s'endormir dans un canapé, ça fait râler !

Essaye de te reposer et de rentrer pas trop tard la semaine quand tu travailles. Rien ne t'empêche d'aller boire un verre avec des amis, mais fixe-toi une limite pour pouvoir te coucher à la bonne heure et avoir ton quota de sommeil. Si tu travailles en tant que freelance ou si tu as un travail où l'on peut te joindre facilement. Impose-toi des limites. Tes clients, patients ou collègues pourront s'adapter et ils le comprendront. Il faut que tu poses des limites et que tu t'accordes au moins une journée par semaine. Par exemple à partir de 19h tu ne réponds plus au téléphone ni aux mails professionnels et le dimanche tu ne travailles pas du tout. C'est important, car tu ne tiendras pas la distance sinon. Personne ne peut être à 100 % tout le temps, nous ne sommes pas des robots.

9.7 - GERER SON TEMPS

Le temps, il file à toute vitesse. En tout cas, il court plus vite que moi ! Quand on n'est plus chez ses parents, il y a plein de nouvelles choses à faire : sortir, travailler, recevoir des potes.
Ah oui j'allais oublier : faire le ménage, faire la lessive, sortir les poubelles, repasser le linge, faire la vaisselle, faire à manger, faire les courses… Au secours !

Le meilleur moyen de ne pas se laisser déborder c'est de faire les choses au fur et à mesure et de s'organiser.

Tu peux par exemple te faire un planning :

- Vendredi soir : courses
- Samedi matin : rangement et ménage
- Samedi après-midi : lessive et repassage
- Dimanche matin : dodo
- Dimanche après-midi : sport

Je te conseille par contre de faire la vaisselle et les poubelles tous les jours, sinon tu vas vite perdre le chat, la souris et le chien.
N'oublie pas de calculer tes temps de trajets pour aller et revenir du boulot, ça aussi ça compte dans ton organisation. Profite de tes vacances et de tes week-ends prolongés pour te détendre, voir tes proches et voyager. Si tu as des RTT ou que tu finis plus tôt certains jours, profites-en pour caler tes rendez-vous importants : médecin, dentiste, contrôle technique de la voiture, etc.
Tu l'auras compris pour ne pas perdre ton temps, il faut l'organiser.

9.8 - COMMENT ETRE HEUREUX ?

« Il est où le bonheur ? Il est où ?... » Comment être heureux ? Mais au fait, c'est quoi être heureux ? Bonne question !

Pour moi être heureux, c'est profiter de chaque instant. D'apprécier le temps que l'on passe avec ses amis et ses proches. D'avoir suffisamment confiance en soi pour ne pas se préoccuper de ce que les autres pensent de nous. D'apprécier chaque petite chose que la vie nous offre. D'apprécier tous les bons moments et d'accepter les moins bons. Après tout, les moments difficiles nous font aussi apprécier davantage les bons moments.
On aime le rayon du soleil qui nous réchauffe après la pluie.

Il n'y a pas de recette pour être heureux. Il suffit de faire des choses qui nous plaisent : boire un verre avec des amis, se promener dans la forêt, lire un livre, faire du sport, exercer un métier qui nous plaît... Et surtout s'entourer des bonnes personnes, celles qui nous font du bien. Celles qui nous font rire, nous apprennent des choses, nous soutiennent, nous encouragent. Brefs de vrais amis et pourquoi pas un ou une partenaire de vie. Et puis n'oublions pas la famille, c'est important la famille ! Elle nous apporte tant de joie et de réconfort... Voilà pour être heureux, il faut juste apprécier ce que l'on a, ne pas envier les autres et profiter de chaque instant.

CONCLUSION

Te voilà arrivé à la fin de ce livre. Ouf ! Bon, j'espère qu'il t'a appris quelques trucs quand même et que tu ne t'es pas trop ennuyé. Ou pire ! Tu ne t'es pas endormi au moins ?

Tu peux dès à présent commencer à te servir de ces conseils et mettre en application certaines techniques que je t'ai données.
Tu vois finalement, devenir autonome et vivre sa vie en harmonie, ce n'est pas si compliqué que ça. Être heureux, avoir un travail, des amis, s'accepter et avoir confiance en soi sont des choses somme toute, naturelles.

Par contre, j'ai une mauvaise nouvelle pour toi. Parce que maintenant que tu as appris plein de choses, tu n'as plus aucune excuse pour ne pas aider ta mère ! C'est même le bon moment pour commencer à t'entraîner : cuisine, lessive, ménage, courses, etc.

Et dis merci à la dame pour ce super livre plein de bons conseils !
Pour conclure, je te souhaite d'être heureux dans la vie, de trouver l'amour et un boulot qui te plaît. Prends soin de toi et de tes proches. Et surtout, n'oublie pas : tu vas y arriver ! tu peux le faire ! Ça va aller !

MES COLORIAGES ANTI-STRESS

Printed in France by Amazon
Brétigny-sur-Orge, FR

13129848R00060